BEI GRIN MACHT SICH IHR WISSEN BEZAHLT

- Wir veröffentlichen Ihre Hausarbeit,
  Bachelor- und Masterarbeit

- Ihr eigenes eBook und Buch -
  weltweit in allen wichtigen Shops

- Verdienen Sie an jedem Verkauf

Jetzt bei www.GRIN.com hochladen und kostenlos publizieren

Psychotische Störungen, transaktionales Stressmodel nach Lazarus, emotionale Intelligenz. Einführung in die allgemeine Psychologie

GRIN

Bibliografische Information der Deutschen Nationalbibliothek:

Die Deutsche Nationalbibliothek verzeichnet diese Publikation in der Deutschen Nationalbibliografie; detaillierte bibliografische Daten sind im Internet über http://dnb.d-nb.de abrufbar.

ISBN: 9783346361608
Dieses Buch ist auch als E-Book erhältlich.

© GRIN Publishing GmbH
Nymphenburger Straße 86
80636 München

Druck und Bindung: Books on Demand GmbH, Norderstedt Germany
Gedruckt auf säurefreiem Papier aus verantwortungsvollen Quellen

Das Buch bei GRIN: https://www.grin.com/document/992345

Allgemeine Psychologie II

Einsendeaufgabe- *Alternative A*

Studiengang: Psychologie B.Sc

Abgabedatum: 30.10.2020

Inhaltsverzeichnis

Abkürzungsverzeichnis

ICD- 10	international classification of diseases and relatet health problems
DSM- 5	diagnostic and statistical manual of mental disorders
bzw.	beziehungsweise
Abs.	Absatz
vgl.	vergleiche
Abb.	Abbildung
etc.	et cetera
z.B.	zum Beispiel
Kap.	Kapitel
EI	emotionale Intelligenz
ggfls.	gegebenenfalls
u.U.	unter Umständen
bspw.	beispielsweise

Abbildungsverzeichnis

1. Aufgabe A1

Vorab ist zu vermerken, dass sich die folgenden Angaben hinsichtlich der Symptomatik der dargestellten Störungen am ICD-10 orientieren.

1.1 Schizophrenie

Zunächst lässt sich feststellen, dass der Terminus „Schizophrenie" eine heterogene Gruppe an Störungen mit sich zieht. Das bedeutet, dass viele verschiedene und unterschiedliche Symptome festgestellt wurden, die zudem auch Parallelen zu anderen psychischen Störungen aufweisen. Es herrscht demnach kein wirklicher Konsens über die Leitsymptomatik, weswegen über keine andere Diagnose so stark diskutiert wurde wie bei der Schizophrenie.[1] Die Psychiatrie versucht nach wie vor eine genauere Definition bezüglich der Symptomatik zu schaffen, um die Störung von anderen Störungen besser abzugrenzen, was allerdings bisher noch nicht gelang.[2] Das Wort Schizophrenie selbst stammt aus dem Jahre 1908 und bedeutet aus dem griechischen übersetzt „gespaltener Geist" bzw. „gespaltene Seele".[3] Diese Tatsache bzw. Vorbelastung lässt zudem ein irreführendes und fälschliches Bild über diese Krankheit bei psychologischen Leihen entstehen.

Grundsätzlich lässt sich das Krankheitsbild der Schizophrenie nach den bisherigen Erkenntnissen in die Positiv- und Negativsymptomatik einteilen. Während die Positivsymptomatik als Überschuss zum normalen Erleben betrachtet werden kann, ist unter der Negativsymptomatik ein Wegfall zum normalen Erleben zu verstehen. Die Positivsymptomatik ist gekennzeichnet durch Ich- Störungen, Denkstörungen als auch Halluzinationen. Ich- Störungen meinen das Verschwimmen der Grenze zwischen der Umwelt und dem Ich und implizieren Gedankeneingebungen, Gedankenlautwerden, Gedankenentzug, Gedankenausbreitung aber auch Depersonalisation/ Derealisation. Denkstörungen hingegen sind durch Wahnvorstellungen charakterisiert. Halluzinationen treten meistens in der Form auf, dass Stimmen in der dritten Person *über* den Patienten oder im Imperativ *mit* dem Patienten sprechen (akustische

---

[1] Vgl. Watzl, Cohen (1998), S.819
[2] Vgl. Tölle, Windgassen (2009), S.190
[3] Vgl. Gebhart (2019), S.64

Halluzinationen). Der Unterschied zwischen Wahnvorstellungen und Halluzination besteht darin, dass Wahnvorstellungen Fehlüberzeugungen und Missinterpretationen bezüglich der Realität zugrunde liegen während Halluzinationen in keinem Bezug zu einem Außenreiz und demensprechend in keinem Bezug zur Realität stehen. Die Negativsymptomatik beinhaltet eine ganze Reihe von Symptomen, wobei Anhedonie, Avolition, Alogie, psychomotorische Defizite und Affektverflachung am meisten verbreitet sind. Mit Anhedonie ist die Unfähigkeit, Freude oder Lust zu empfinden gemeint. Dies steht auch in einem Zusammenhang zur Affektverflachung, also dem mangelnden Empfinden von Emotionen. Die Bezeichnung Alogie lässt sich mit Sprachverarmung gleichsetzen. Avolition hingegen ist gekennzeichnet durch verringerte Motivation, verringerten Antrieb sowie sozialen Rückzug. Es ist außerdem zu erwähnen, dass kognitive Defizite zusätzlich zur Positiv- und Negativsymptomatik auftreten können. Trotz dieses vielschichten und zugleich auch sehr individuellen Krankheitsbildes sind bei der Schizophrenie die intellektuellen Fähigkeiten und die Bewusstseinsklarheit oftmals nicht beeinträchtigt.[4]

Eine Diagnose von Schizophrenie (F20.-) ist nicht zu stellen, wenn die Symptome noch nicht länger als ein Monat bestehen. Des Weiteren ist eine Diagnose nicht auszuhändigen, sofern ausgeprägte affektive Symptome vorherrschen, da die „schwere depressive Episode mit psychotischen Symptomen" (F32.2) als eigenständige Störung klassifiziert ist. Außerdem ist die Schizophrenie von organisch bedingten psychotischen Störungen, wie z.B. der organisch wahnhaften Störung (F06.2) oder der organischen Halluzinose (F06.0) zu unterscheiden. Schizophrenie gilt es auch dann nicht als solche zu diagnostizieren, wenn die Symptome Folge einer akuten Intoxikation oder eines Entzugssyndroms sind.[5]

Es existieren verschiedene Formen der Schizophrenie, wie die *paranoide Schizophrenie* (F20.0), die *hebephrene Schizophrenie* (F20.1), die *katatone Schizophrenie* (F20.2), die *undifferenzierte Schizophrenie* (F20.3), die *postschizophrene Depression* (F20.4), das *schizophrene Residuum* (F20.5),

---

[4] Vgl. Margraf, Schneider (2018), S.392f.
[5] Vgl. Graubner (2008), S.166ff.

Schizophrenia simplex (F20.6), *sonstige Schizophrenie* (F20.8) sowie *Schizophrenie, nicht näher bezeichnet* (F20.8). Alle Formen erfüllen zwar die Kriterien zur Diagnose der Schizophrenie, haben jedoch unterschiedliche „Schwerpunkte" hinsichtlich der Symptomatik. So stehen z.b. bei der hebephrenen Schizophrenie die Negativsymptome im Vordergrund während bei der paranoiden Schizophrenie Positivsymptome, wie Halluzination und Denkstörungen bzw. Wahnvorstellungen im Vordergrund stehen.[6]

1.2 Schizotype Störung

Die schizotype Störung wird bisweilen auch als „Borderline- Schizophrenie", also „Grenzschizophrenie" bezeichnet, da sie sowohl Symptome einer Persönlichkeitsstörung als auch Symptome einer Schizophrenie beinhaltet. Die Tatsache, dass die schizotype Störung im DSM-5 als Persönlichkeitsstörung und im ICD-10 als psychotische Störung eingestuft wird zeigt, dass man sich auch auf wissenschaftlicher Ebene einer eindeutigen Zuordnung nicht einig ist.[7]

Grundsätzlich ist die schizotype Störung durch seltsames und exzentrisches Verhalten, einen kalten Affekt, Tendenz zu sozialem Rückzug, extremes Misstrauen, zwanghaftes Grübeln, Denk- und Wahrnehmungsstörungen, Körpergefühlsstörungen (Körperhalluzinationen) sowie „quasipsychotische" Episoden gekennzeichnet. Letzteres ist vor allem durch intensive Illusionen, akustische Halluzinationen sowie wahnhafte Ideen gekennzeichnet, was nochmals die Parallelen zur Schizophrenie verdeutlicht. Der Verlauf der Störung entspricht einer gewöhnlichen Persönlichkeitsstörung, wobei allerdings kein klarer Beginn feststellbar ist.[8]

Die schizotype Störung ist nochmals von der schizoiden Persönlichkeitsstörung (F60.1) und den schizoaffektiven Störungen (F25.-) zu unterscheiden. Um die schizotype Störung als solche zu diagnostizieren (F21) müssen über einen Zeitraum

---

[6] Vgl. Graubner (2008), S.175f.
[7] Vgl. Paulitsch (2009), S.117
[8] Vgl. Schneider (2011), S.283

von mindestens zwei Jahren mindestens vier der oben genannten Symptome ununterbrochen oder wiederholt vorhanden sein.[9]

1.3 Wahnhafte Störung

Anhaltende wahnhafte Störungen sind ebenfalls psychotische Störungen, die allerdings primär und ausschließlich durch anhaltende Wahnvorstellungen, also einer falschen Interpretation bezüglich der Umwelt, gekennzeichnet sind. Die Inhalte des Wahns können sich hierbei individuell unterscheiden, wobei Eifersuchtswahn, Liebeswahn, Verfolgungswahn, Größenwahn, querulatorischer Wahn, dysmorphophober Wahn oder hypochondrischer Wahn bei betroffenen Patienten am meisten verbreitet sind.[10]

Ähnlich wie bei der Schizophrenie existieren auch bei der anhaltenden wahnhaften Störung (F22.-) Subtypen. Die *wahnhafte Störung* (F22.0), *sonstige anhaltende wahnhafte Störungen* (F22.8) sowie *anhaltende wahnhafte Störung, nicht näher bezeichnet* (F22.9) stellen hierbei die drei Formen dar. Alle Formen haben gemeinsam, dass der anhaltende Wahn das einzig pathologische Symptom darstellt. Das soziale Funktionsniveau ist hierbei nicht beeinträchtigt. Eine Diagnose von einer dieser Störungen ist nicht zu stellen, sofern anhaltende Halluzinationen, schizophrene Symptome oder auch organische Anomalien bzw. Gehirnerkrankungen erkennbar sind. Allerdings ist zu erwähnen, dass gelegentliche akustische Halluzinationen auch Begleitsymptome, vor allem bei älteren Patienten, darstellen können. Außerdem treten manchmal auch Panikattacken und affektive Episoden zusätzlich auf. Eine Diagnose der anhaltenden wahnhaften Störungen ist auch dann nicht zu stellen, wenn der Wahn Folge einer akuten Intoxikation ist. In diesem Zusammenhang lässt sich auch feststellen, dass der Wahn mindestens drei Monate bestehen muss für eine entsprechende Diagnose.[11]

---

[9] Vgl. Schneider (2011), S.283
[10] Vgl. Schneider (2011), S.285
[11] Vgl. Schneider (2011), S.285

1.4 Arbeitsfähigkeit mit diagnostizierter Schizophrenie

Zunächst lässt sich aus volkswirtschaftlicher Perspektive feststellen, dass der Erhalt und die Wiederherstellung der Arbeitsfähigkeit für Menschen mit einer diagnostizierten (psychischen) Krankheit das primäre Ziel ist. Eine dauerhafte Erwerbsunfähigkeit wird demnach erst dann ausgestellt, wenn alle Therapie- und Rehabilitationsmöglichkeiten ausgeschöpft wurden.[12]

Wie bereits im Kapitel 1.1 erwähnt ist das Krankheitsbild der Schizophrenie sehr vielschichtig und zugleich sehr individuell. Zudem gibt es sämtliche Subtypen der Schizophrenie. Demensprechend schwer fällt es, eine pauschalisierende Aussage bzw. Antwort hinsichtlich der Frage nach der Arbeitsfähigkeit für Menschen mit diagnostizierter Schizophrenie zu treffen. Eine Begutachtung diesbezüglich sollte deswegen auch sehr individuell erfolgen. Es lässt sich jedoch feststellen, dass eine Arbeitsstelle und ein damit einhergehender geregelter Tagesablauf sowie soziale Integration grundsätzlich förderlich für den Verlauf der Krankheit ist. In diesem Zusammenhang lässt sich erwähnen, dass eine soziotherapeutische Maßnahme für Personen mit Schizophrenie die Arbeitstherapie darstellt. Ziel hierbei ist es, den Patienten durch verschiedene arbeitsbezogene Übungsmaßnahmen für den Arbeitsalltag vorzubereiten. Da dies jedoch hohe Voraussetzungen an den Patient hinsichtlich der Konzentration, Kommunikations- und Leistungsfähigkeit stellt, kommt dies relativ spät in der soziotherapeutischen Behandlung zum Einsatz.[13] Nichts desto trotz lässt sich allerdings nicht von Menschen mit Schizophrenie erwarten, dass sie auch nach einer solchen soziotherapeutischen Vorbereitung in akuten Phasen mit floriden Symptomen einer Arbeit nachgehen.[14] Da bei vielen Patienten solche Episoden ohne jegliche Warnsignale bzw. Vorwarnungen auftreten, stellt dies ein Problem dar. Der Arbeitnehmer mit Schizophrenie sollte vor allem deswegen aber auch unabhängig davon mit einer gewissen Offenheit bezüglich seiner Störung und den damit einhergehenden individuellen Symptomen dem Arbeitgeber gegenüber treten, während dieser ein Grundverständnis und keine Vorbehalte bezüglich dieser

---

[12] Vgl. Dörfler et. Al (2001), S.63
[13] Vgl. Möller et. Al (2009), S.296
[14] Vgl. Dörfler et. Al (2001), S.62f.

Störung mitbringen sollte. Dies stellt zunächst die Grundvoraussetzung für eine gelungene Integration in den (ersten) Arbeitsmarkt für Menschen mit Schizophrenie dar. Arbeitgeber und Arbeitnehmer sollten sich dann zusammen weitere individuelle Bedingungen und Erforderlichkeiten hinsichtlich des Arbeitsplatzes sowie dem Arbeitsverhalten überlegen. Hierbei ist das Ziel, die Arbeitseffizienz größtmöglich und den entstehenden Stress kleinstmöglich zu halten. Vor allem letzteres ist für Betroffene sehr wichtig, da eine erhöhte Stressvulnerabilität besteht. Sofern Personen mit Schizophrenie also bei der Arbeit mit vielen Stresssituationen und Stressoren konfrontiert werden, erhöht dies die Wahrscheinlichkeit, dass sich die Symptomatik verschlimmert.[15] Ob eine solche Umsetzung möglich ist, hängt allerdings auch nicht nur von dem Arbeitgeber, sondern auch von dem Arbeitsumfeld bzw. der Branche ab. So fällt es z.B. schwerer entsprechende Bedingungen bei einer Bandarbeit als bei einer Büroarbeit zu schaffen.

Sofern die Beeinträchtigung bei Erkrankten so hoch ist, dass einer geregelten Beschäftigung auf dem ersten Arbeitsmarkt nicht nachgegangen werden kann, stellt eine Behindertenwerkstatt eine mögliche Alternative dar. Die folgende Abbildung zeigt die verschiedenen Ausprägungen und Grade der Erkrankung.

Tab. 21.1 Anhaltswerte für den Grad der Behinderung (GdB) bei Schizophrenie

	GdB
Lang anhaltende (länger als 6 Monate) Psychose im floriden Stadium, je nach Einbuße beruflicher und sozialer Anpassungsmöglichkeiten	50–100
Schizophrener Residualzustand	
• mit leichten sozialen Anpassungsschwierigkeiten	30–40
• mit mittelgradigen sozialen Anpassungsschwierigkeiten	50–70
• mit schweren sozialen Anpassungsschwierigkeiten	80–100

Abb.1: Anhaltswerte für den Grad der Behinderung bei Schizophrenie
Quelle: Falkai, Hasan (2019), S.345

---

[15] Vgl. Eggers (2015), S.298

Da die Aufnahme in eine Behindertenwerkstatt grundsätzlich unabhängig von der Schwere der Behinderung ist, erfüllen Menschen mit der Diagnose Schizophrenie somit die Voraussetzung, um dort zu arbeiten.[16] Behindertenwerkstätte verfolgen unter anderem das Ziel, eine größtmögliche Selbstbestimmung sowie eine Integration von Menschen mit Behinderung zu schaffen.[17] Vor allem die Selbstbestimmung und die damit einhergehende Autonomie aber auch die Integration in die Sozietät kann sich positiv auf das Wohlbefinden eines Betroffenen auswirken. Ein weiterer Vorteil kann die individuelle Betreuung eines geschulten Fachpersonals sein. Demnach besteht für Betroffene die Möglichkeit, bei persönlichen Problemen Hilfe von Gruppenleiter/innen etc. zu erhalten. Außerdem sind auch individuelle Leistungsvoraussetzungen durch Qualifizierungsmaßnahmen veränderbar. In diesem Kontext lässt sich auch feststellen, dass Behindertenwerkstätte verschiedene Arbeitsbereiche mit verschiedenen Tätigkeiten und Anforderungen zu bieten haben, welche individuell ausgewählt werden können. Zudem kann ein Austausch mit Arbeitskollegen/innen, welche an derselben Krankheit leiden, von Vorteil sein.[18]

Andererseits besteht trotz dieser Gegebenheiten die Gefahr der Unterforderung, da die intellektuellen Fähigkeiten meist nicht beeinträchtigt sind (siehe 1.1). Gerade für Menschen, die z.B. vor dem Ausbruch der Krankheit studiert haben oder einer kognitiv anspruchsvollen Beschäftigung nachgegangen sind, kann sich diese Unterforderung in einer solchen Werkstatt negativ auf das Wohlbefinden und entsprechend auch negativ auf die persönliche Entwicklung auswirken.[19]

Es sollte demnach individuell entschieden werden, ob die Arbeit in einer Behindertenwerkstatt sinnvoll ist. Sofern es aufgrund der Ausprägung der Störung zwar nicht möglich ist, einer Arbeit auf dem ersten Arbeitsmarkt und den damit einhergehenden Anforderungen nachzugehen aber es grundsätzlich möglich ist einer geregelten Arbeit nachzugehen, kann die Behindertenwerkstatt eine vernünftige Option darstellen.

---

[16] Vgl. Rompe (2004), S.173
[17] Vgl. Fornefeld (2013), Abs. Vorwort
[18] Vgl. Schartmann (1999), S.32
[19] Vgl. Schartmann (1999), S.32

2.   Aufgabe A2

2.1   Kausalmodelle Emotionen

Hinsichtlich der Entstehung und Kausalität von Emotionen existieren sämtliche Modelle und Theorien mit unterschiedlichen Ansätzen. Konkret formuliert gibt es evolutionsbiologische, behavioristische, psychophysiologische sowie kognitive Emotionstheorien.

Die evolutionsbiologischen Ansätze beschäftigen sich mit der Frage, welche Aspekte von Emotionen das gemeinsame biologische Erbe der Menschheit sind. Es wird davon ausgegangen, dass sowohl der emotionale Ausdruck als auch das Emotionserleben eine wichtige Bedeutung für das Überleben einnehmen. Behavioristische Ansätze hingegen gehen davon aus, dass Emotionen durch Lernprozesse entstehen. Hierbei ist zu erwähnen, dass auch negative Emotionen, wie z.b. Ängste, klassisch ankonditioniert und durch operante Konditionierung aufrecht erhalten werden können. Die Erkenntnis, dass in solchen Fällen eine Gegenkonditionierung helfen kann ist Grundlage der heutigen Verhaltenstherapie. Bei psychophysiologischen Ansätzen stehen zentral- und periphernervöse Prozesse bezüglich der Entstehung von Emotionen im Mittelpunkt. Man geht davon aus, dass Emotionen als Folge der bewussten Wahrnehmung von körperlicher Reaktionen entstehen. Solche körperlichen Veränderungen folgen unmittelbar auf einen wahrgenommenen Reiz.[20]

Kognitive Emotionstheorien verfolgen dagegen die Annahme, dass zwischen einem potenziell emotionsauslösenden Reiz und einer emotionalen Reaktion ein Bewertungsprozess liegt. Es wird hierbei nochmals zwischen Reizbewertungsansätzen und Reaktionsbewertungsansätzen unterschieden. Ähnlich wie bei den psychophysiologischen Ansätzen stellt die physiologische Erregung (Reaktion) die Basis für die Emotionsentstehung bei den Reaktionsbewertungsansätzen dar. Der essenzielle Unterschied besteht allerdings darin, dass diese Erregung, welche infolge eines Reizes auftritt, nicht nur bewusst wahrgenommen, sondern auch bewertet wird, sodass eine Emotion entsprechend

---

[20] Vgl. Jansen (2018), Kap. 2

zugeordnet werden kann. Die sogenannte „Zwei- Faktoren Theorie" von Schachter und Singer stellt einen typischen Reaktionsbewertungsansatz dar. Repräsentierend für die Reizbewertungsansätze sind die attributionale Ansätze. Hierbei steht nicht die subjektive Bewertung der Reaktion, sondern die des Reizes bzw. der Situation im Mittelpunkt. Sie ist Voraussetzung für die emotionale Reaktion auf subjektiver, Verhaltens- sowie auf physiologischer Ebene. Die subjektive Bewertung ist maßgeblich von eigenen Bedürfnissen, Werthaltungen, Zielen sowie Bewältigungsmöglichkeiten abhängig.[21] Scherer's Komponenten- Prozess- Modell, das transaktionale Stressmodell von Lazarus sowie die Einschätzungstheorie von Ortony, Clore und Collins stellen solche attributionale Ansätze und somit Reizbewertungsansätze dar.[22]

Das folgende Schaubild stellt nochmals die Unterschiede zwischen Reizbewertungs- (A) und Reaktionsbewertungsansätzen (B) dar.

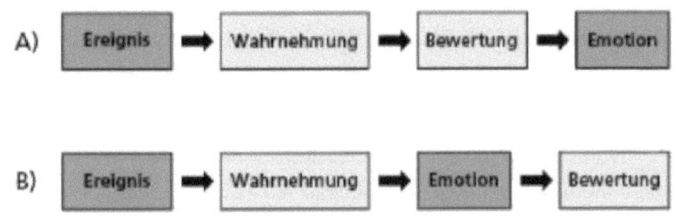

Abb. 2: Kausalmodelle zur Rolle von Bewertungen bei der Entstehung von Emotionen
Quelle: Schmidt- Artzert et. Al (2013), Abs. 3.2.1

2.2 Transaktionales Stressmodell nach Lazarus

Das transaktionale Stressmodell von Richard Lazarus wurde in den 1960er Jahren zur Zeit der kognitiven Wende entwickelt. Das Modell entstand als Folge eines Experiments mit Studenten. Hierbei wurde ein IQ- Test durchgeführt, welcher durch die Ankündigung, dass die jeweiligen Ergebnisse an die zuständige Fakultät

---

[21] Vgl. Stemmler et. Al (2014), S.134
[22] Vgl. Jansen (2018), Kap. 2.4

weitergeleitet werden, verschärft. Nach der ersten Teilaufgabe wurden die Probanden unabhängig vom Ergebnis geheim in Experimental- und Kontrollgruppen aufgeteilt. Der Experimentalgruppe wurde ein schlechtes und der Kontrollgruppe ein gutes Ergebnis der ersten Teilaufgabe zugeschrieben. Das schlechte Ergebnis sollte bei den Probanden der Experimentalgruppe ein Stressreiz auslösen und den Druck zusätzlich erhöhen. Bei der nächsten Aufgabe ließ sich feststellen, dass bei den Probanden der Experimentalgruppe, die eine schlechte Schulabschlussnote hatten, die Leistung sank während bei den Probanden, die eine gute Schulabschlussnote hatten, die Leistung stieg. Daraus schloss Lazarus die Schlussfolgerung, dass individuelle Unterschiede im Umgang mit Stressreizen bzw. Stresssituationen bestehen.[23]

Infolgedessen entwickelte Lazarus das transaktionale Stressmodell. Demnach findet zunächst eine primäre Einschätzung (*primary appraisal*) diesbezüglich statt, ob ein Reiz eine positive oder negative Wirkung auf das eigene Wohlbefinden hat. Danach folgt eine sekundäre Einschätzung (*secondary appraisal*) hinsichtlich der eigenen Bewältigungsressourcen. Hierbei gibt es verschiedene Bewältigungsstrategien (Coping- Strategien). Stress entsteht dem Modell zufolge erst dann, wenn die Situation als negativ bewertet wird und die eigenen Ressourcen, die zur Bewältigung dienen sollen, als unzureichend eingeschätzt werden. Im letzten Schritt des Modells erfolgt eine Neubewertung (*reppraisal*). Es wird hierbei der Erfolg der Bewältigungsstrategie bewertet. Dies führt insofern zu einer Neubewertung, da zuvor gefährliche Situationen zukünftig nur noch als herausfordernde Situationen bewertet werden können und umgekehrt. Dieser letzte Schritt der Bewertung führt also zu einem dynamischen Umgang mit einer Situation.[24]

Das Ergebnis der Studenten, die eine schlechte Schulabschlussnote hatten wurden also deswegen schlechter, da die Situation als negativ bewertet wurde und man sich aufgrund von vergangener Erfahrungen bzw. Leistungen nicht ausreichend Ressourcen zuschrieb, um die Aufgabe erfolgreich zu meistern. Bei Probanden mit guten Schulabschlussnoten verhielt es sich umgekehrt. Stresssituationen können sich

---

[23] Vgl. Knecht (2012), S.2f.
[24] Vgl. Nerdinger et. Al (2011), S.479f.

also, je nach Individuum und den dazugehörigen Bewertungen, negativ oder gar positiv auf die Leistung auswirken.

2.2.1 Coping- Strategien

Coping wird von Lazarus und Folkman als Prozess der Bewältigung jener internen und externen Anforderungen, welche die eigenen Ressourcen beanspruchen, definiert.[25] Ziel hierbei ist es, emotionale Belastungen abzubauen und das Wohlbefinden wieder herzustellen. Das kann z.b. auch den Erhalt des Selbstbildes oder von zwischenmenschlichen Beziehungen implizieren. Es existieren nach Lazarus grundsätzlich zwei Coping- Kategorien. Während sich das *problembezogene Coping* mit der Bedingung für die Bedrohung (Person- Umwelt Veränderung) beschäftigt, geht es dem *emotionsbezogenem Coping* darum, die negativen Emotionen zu kontrollieren. Des Weiteren gibt es innerhalb beider Kategorien vier gleiche Copingstile. Es lässt sich zwischen Informationssuche, Unterlassen von Handlungen, direktes Handeln und intrapsychischem Bewältigen unterscheiden.[26] Hierbei ist es personen- aber auch situationsabhängig, welche Strategie gewählt wird und welche individuell wirksamer ist. Es lässt sich demnach auch keine verallgemeinernde Feststellung treffen, welche Strategie grundsätzlich am wirksamsten ist und welche nicht. Sofern die Ziele, welche oben genannt wurden, erreicht werden, kann man von einer für das Individuum wirksamen Coping- Strategie sprechen. Jedoch ließ sich feststellen, dass ein Ignorieren (Form des intrapsychischen Bewältigen) zwar auf Dauer die Bewältigung des Stresses massiv gefährdet aber auf kurze Zeit bzw. in einer Akutphase zur Bewältigung und dem damit einhergehenden Wohlbefinden durchaus beitragen kann.[27] Außerdem ist anzumerken, dass, sofern die Coping Strategie zu einer anderen Belastung führt, diese nicht als funktional betrachtet werden kann, selbst wenn sie temporär zum Wohlbefinden beiträgt. Ein Beispiel hierfür wäre, wenn Menschen in Stresssituationen immer Alkohol konsumieren, um negative Emotionen zu dämpfen und sich infolgedessen eine Suchterkrankung mit Alkohol entwickelt.

---

[25] Vgl. Lazarus, Folkman (1984), S.283
[26] Vgl. Becker (2014), Kap. 2.4.1
[27] Vgl. Wolf-Kühn, Morfeld (2016), S.41

3. Aufgabe A3

3.1 Begriffserklärung emotionale Intelligenz

Zunächst lässt sich feststellen, dass es keine einheitliche Definition der emotionalen Intelligenz gibt. Die Modelle zur EI von Salovey und Mayer, Bar- on sowie von Goleman haben in der Forschung eine hervorgehobene Position eingenommen. In allen drei Modellen wird die EI unterschiedlich definiert.

Salovey und Mayer bestimmen EI als die Fähigkeit zur Wahrnehmung, Bewertung und auch Analyse von Emotionen sowie die Verwendung und den Einsatz dieser Fähigkeiten und des damit einhergehenden Wissens. Außerdem sei die reflexive Regulierung von Emotionen ebenfalls ein Aspekt der EI.[28] Bar- on´s Modell von EI hingegen beinhaltet 15 Intelligenzaspekte, die sich aus den 5 Domänen *intrapersonale Intelligenz* (Erkennen, verstehen und Ausdrücken eigener Emotionen), *interpersonelle Intelligenz* (Wahrnehmung von Emotionen bei anderen und u.U. Hilfsfähigkeit), *Anpassungsfähigkeit* (Emotionsregulation), *Stressmanagement* (zielführender Umgang mit emotionsbehafteten Problemen) und *Stimmungslage* (Generieren positive Stimmung) ergeben. Die EI ermögliche es Menschen, erfolgreich mit Anforderungen und Belastungen seiner Umwelt umzugehen. Bar- on war der erste Forscher, der mit dem „Quotient Inventory" (EQ-i) ein Testverfahren für die EI konstruierte.[29] Goleman´s Modell der EI setzt sich vor allem aus dem Beziehungsmanagement, also dem Aufbau sowie der Aufrechterhaltung von zwischenmenschlichen Beziehungen zusammen. Auch Selbstwahrnehmung sowie dem Selbstmanagement von Emotionen spielen eine entscheidende Rolle. Außerdem fließt das soziale Bewusstsein bezüglich Emotionen, also die Beurteilung, die Empfänglichkeit sowie die Beeinflussungsfähigkeit von Emotionen anderer in das Modell mit ein.[30]

Es ist im Bezug auf die Modelle anzumerken, dass Goleman und Bar- on die EI als erlernbare Fähigkeit betrachten, während Salovey und Mayer die EI als nicht erlernbar

---

[28] Vgl. Maltby et. Al (2011), S.630
[29] Vgl. Maltby et. Al (2011), S.701
[30] Vgl. Maltby et. Al (2011), S.699

und angeboren betrachten.[31] Alle drei Modelle haben gemeinsam, dass sie die (Selbst-)Wahrnehmung von Emotionen, die Emotionsregulation sowie die zwischenmenschliche Beeinflussungsfähigkeit bezüglich Emotionen beinhalten. Dieser Konsens stellt die Grundlage für das nächste Unterkapitel dar.

3.2 Bedeutung EI für Teamzusammenstellung und Teambildung

In der heutigen Arbeitswelt ist die Teamarbeit schier unverzichtbar. Dies liegt auch daran, dass viele Aufgaben bzw. Herausforderungen nur durch eine Zusammenarbeit von Facharbeitern bzw. Experten erfolgreich und effizient gelöst werden können.[32] Zudem kann sich Teamarbeit positiv auf die Arbeitsatmosphäre und den zwischenmenschlichen Umgang in dem entsprechendem Arbeitsumfeld auswirken.

Für den Teambildungsprozess und die Teamzusammenstellung sind entweder zuständige Führungskräfte oder die Mitarbeiter selbst verantwortlich. In beiden Fällen spielt emotionale Intelligenz eine entscheidende Rolle. Sofern Führungskräfte für die Teamzusammenstellung zuständig sind, sollten hierbei die Emotionen der Mitarbeiter richtig erkannt und ggfls. entsprechend gehandelt werden. So sind bspw. Führungskräfte mit einer hohen emotionalen Intelligenz dazu in der Lage, ein emotionales Missbefinden eines Mitarbeiters in einer Gruppe zu erkennen und infolgedessen zu intervenieren. Auch können Führungskräfte mit einer hoher EI dazu in der Lage sein, bei emotionsbehafteten Konflikten innerhalb eines Teams deeskalierend und schlichtend einzuwirken.[33] Unter emotionsbehafteten Konflikten sind hierbei grundsätzlich alle zwischenmenschlichen Konflikte zu verstehen, die mit negativen Emotionen, wie Wut, Ärger oder auch Frust einhergehen. Solche Konflikte wirken sich meist negativ auf die Zufriedenheit und auch folglich negativ auf die Effizienz aus. Unabhängig davon sind Führungskräfte mit hoher EI eher imstande, auf die Persönlichkeitseigenschaften und den damit einhergehenden emotionalen Dispositionen der jeweiligen Mitarbeiter zu achten und Gruppen entsprechend sinnvoll einzuteilen. Dies setzt jedoch auch ausreichend Erfahrung und entsprechende

---

[31] Vgl. Ackley (2016), S.271
[32] Vgl. Meier (2019), S.6
[33] Vgl. Heller (2019), Abs. 1.2

Kenntnisse über die Mitarbeiter voraus. Da also emotionale Intelligenz ein wichtiges und notwendiges Attribut bei Führungskräften zu sein scheint, finden mittlerweile in einigen Unternehmen Schulungen zur Verbesserung der EI von Führungskräften statt. Die Annahme hierbei, dass emotionale Intelligenz erlernbar ist, wurde durch eine Untersuchung mit 30 Führungskräften von Sardo nachgewiesen.[34] Das folgende Schaubild stellt die Entwicklung vor und nach dem Training dar.

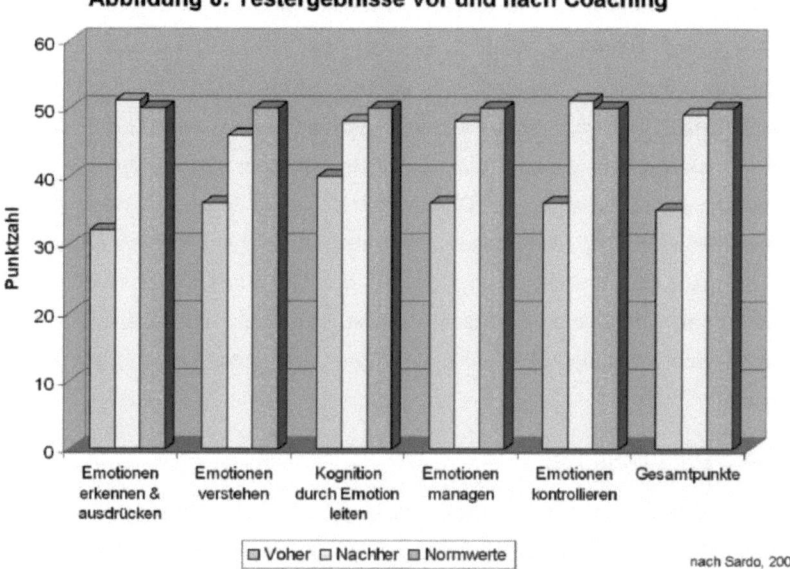

Abb. 3: Testergebnisse vor und nach Training zur EI
Quelle: Krause (2007), S.83

Sofern jedoch die Mitarbeiter selbst für die Teamzusammenstellung und den Teambildungsprozess verantwortlich sind, spielt die emotionale Intelligenz ebenfalls eine fundamentale Rolle. So haben Menschen mit hoher EI oftmals ein besseres Verständnis für die Emotionen der anderen Teammitglieder und können angemessen auf diese reagieren, was auch zu weniger Konflikten führt. Zudem können eigene Emotionen besser reguliert werden, sodass diese keine Beeinträchtigung für eine erfolgreiche Gruppenarbeit darstellen. Dass also eine hohe emotionale Intelligenz von

---

[34] Vgl. Krause (2007), S.82f.

Menschen zu weniger Konflikten aber ebenfalls zu einer geringeren Konfliktintensität innerhalb eines Teams führt, konnte auch durch Studien nachgewiesen werden.[35]

In diesem Zusammenhang ist das Modell der Teambildungsphasen nach Tuckman zu erwähnen. Dieses besteht aus den Schritten *„Forming"* (Gruppenbildung und Besprechen der Vorgehensweisen), *„Storming"* (Machtkonflikte innerhalb einer Gruppe), *„Norming"* (Stabilisierung innerhalb der Gruppe, Lösen Konflikte) und *„Performing"* (Konflikte sind gelöst; Gruppe ist voll leistungsfähig) besteht.[36] Diesbezüglich ist anzunehmen, dass bei Teams bzw. Gruppen, deren Mitglieder über eine hohe EI verfügen, der zweite Schritt „Storming" wenig bis gar nicht stattfindet. Da also deswegen weniger bzw. keine Konflikte entstehen, wird infolgedessen die Phase „Performing" schneller erreicht. Daraus lässt sich schließen, dass eine Gruppe, welche aus Menschen mit einer hohen emotionalen Intelligenz besteht, effizienter und leistungsfähiger arbeitet als eine Gruppe aus Menschen mit einer sehr niedrigen emotionalen Intelligenz. In diesem Kontext ist es auch erwähnenswert, dass eine Korrelation mit hoher emotionaler Intelligenz und guter Leistung am Arbeitsplatz besteht.[37]

3.3 Diskussion EI

Es dürfte im Laufe dieser 3. Aufgabe klar geworden sein, wie essenziell die emotionale Intelligenz für den Mensch in der Arbeitswelt ist. EI wirkt sich positiv auf die Leistungsfähigkeit und die Effizienz sowie das Arbeitsklima innerhalb eines Teams, eines Betriebs oder einer Abteilung aus und nimmt bei Teambildungsprozessen eine entscheidende Rolle ein. Die mit der EI einhergehenden Kompetenzen sind aber auch für das soziale Leben außerhalb der Arbeitswelt von Relevanz. Der Korrelationsnachweis von Studien, dass Menschen, die über Fähigkeiten wie z.B. Emotionsregulation verfügen, die man als emotional intelligent bezeichnet, nicht nur

---

[35] Vgl. Chien Farh et. Al (2012), S.892
[36] Vgl. Böckelmann, Mäder (2018), S.239
[37] Vgl. Chien Farh et. Al (2012), S.890

erfolgreicher sondern auch glücklicher und entsprechend weniger häufig von psychischen Störungen betroffen sind, ist an dieser Stelle zu erwähnen.[38]

Die Annahme von Salovey und Mayer, dass EI angeboren und nicht erlernbar sei wurde durch die Untersuchung von Sardo verworfen.

Es stellt sich jedoch, vor allem hinsichtlich Tests zur EI die Frage, ob es tatsächlich eine eindeutige Lösung zu emotional intelligentem Handeln bzw. Verhalten gibt, wie es bei der kognitiven Intelligenz der Fall ist. In diesem Kontext lässt sich zudem feststellen, dass die Beziehung zwischen EI und kognitiver Intelligenz bisher unklar ist. Da das Gehirn ganzheitlich arbeitet und Lokalisationstheorien sehr veraltet und nur bedingt anwendbar sind ist anzunehmen, dass zwischen Kognition und EI ein Zusammenhang, möglicherweise sogar eine gegenseitige Abhängigkeit besteht.[39] Auch die Unterscheidung zur sozialen Intelligenz scheint oftmals schwammig und die Beziehung unklar.

Umso mehr drängen viele Wissenschaftler darauf, eine einheitliche und konkrete Definition zu erschaffen, um dann daraus valide Methoden zu schaffen, um z.b. einen Wert (bspw. EQ) zu messen und die Auswirkungen auf andere Bereiche zu untersuchen. Die Operationalisierbarkeit des Konstrukts der EI scheint also bisher wenig objektiv und wenig valide zu sein. In diesem Zusammenhang weisen Rahim et. Al darauf hin, dass es eher nachteilig ist, wenn ein Konstrukt wie emotionale Intelligenz popularisiert wird, bevor es wissenschaftlich in ein anwendbares und zugleich valides Konstrukt übertragen wird, welches durch entsprechende Studien untermauert wird.[40] Daher gilt es auch zu hinterfragen, inwieweit die bisherigen Tests und Studien sowie die damit einhergehenden Erkenntnisse zur emotionalen Intelligenz aussagekräftig sind. Aus der Sicht von Meyers et. Al lassen sich Wissenschaftler, die sich ausgiebig mit der Thematik EI befassen in zwei Gruppen einteilen. Eine Gruppe, die sogenannten „Populizer", stellen die Breite und auch die Auswirkungen von emotionaler Intelligenz heraus und blähen mögliche Vorhersehbarkeiten auf. Die

---

[38] Vgl. Tangney (2004), S.271ff.
[39] Vgl. Bosley, Kasten (2018) S.153f.
[40] Vgl. Krause (2007), S.86

andere Gruppe stellt das Konzept der EI in der momentanen Ausprägung massiv infrage. Auch Studien, wie z.B. solche, die den Zusammenhang zwischen EI und Arbeitsleistung darstellen, finden in dieser Gruppe nur wenig Anerkennung. Da viele bisherigen Studien hinsichtlich der EI und z.b. möglichen Auswirkungen im Bezug auf die Anzahl der Teilnehmer nur sehr limitiert sind, ist diese Skepsis der zweiten Gruppe durchaus gerechtfertigt.[41]

Insgesamt wird also der Anschein erweckt, als ob diese Ambivalenz und die Unstimmigkeit der Wissenschaftler den Bereich „EI" beherrscht. Wissenschaftler sollten deswegen ganz grundsätzlich solche komplexe Konstrukte wie die EI erst popularisieren und veröffentlichen, wenn es in ein wissenschaftlich anerkanntes Konstrukt übertragbar ist und durch unanfechtbare Studien belegbar ist. Da dies bei der Thematik EI leider nicht der Fall war, ist umso mehr ein genaues Betrachten der Hintergründe und Ausgangspunkte von durchgeführten Studien und Tests zur EI von Nöten. Ob die EI in naher Zukunft *zweifelsfrei* operationalisierbar sein wird, ist aufgrund der Komplexität des Konstrukts und den dargestellten Gegebenheiten schwer vorherzusagen.

---

[41] Vgl. Dulewicz, Higgs (2003), S.205

Literaturverzeichnis

Ackley, D. (2016), Emotional Intelligence: a Practical Review of Models, Measures and Applications, Consulting Psychology Journal: Practice and Research, Vol. 68, Nr. 4, S.269-286

Becker, B. (2014). Studienbrief Praxisfelder der differenziellen und Persönlichkeitspsychologie. Riedlingen: SRH Fernhochschule

Böckelmann, C., Mäder, K., (2018). Fokus Personalentwicklung, 2. Auflage, Berlin

Bosley, I., Kasten, E. (2018). Emotionale Intelligenz, Berlin

Chien Farh, C. I. C., Seo, M., Tesluk, P. E. (2012), Emotional Intelligence, Teamwork Effectiveness, and Job Performance: The Moderating Role of Job Context, Journal of Applied Psychology, Vol. 97, Nr. 4, S.890-900

Dulewicz, V. and Higgs, M. (2003), 'Design of a new instrument to assess Leadership Dimensions and Styles', Henley Working Paper Series, HWP 0311.

Dörfler, H., Eisenmenger, W., Lippert, H.-D. (2001). Das medizinische Gutachten. Heidelberg: Springer

Eggers, C. (2015). Schizophrenie des Kindes- und Jugendalters. Berlin: medizinisch wissenschaftliche Verlagsgesellschaft

Falkai, P., Hasan, A. (2019). Praxisbuch Schizophrenie: Diagnostik- Therapie. Stuttgart: Urban & Fischer Verlag

Fornefeld, B. (2013). Grundwissen Geistigbehindertenpädagogik. Stuttgart: utb

Gebhart, T. (2019). Schizophrenie- Irrwege der Neurose. Hamburg: Books on Demand GmbH

Graubner, B. (2008). ICD-10-GM 2008: Systematisches Verzeichnis. Köln: Deutscher Ärzte Verlag

Heller, S. (2019). Emotionen, emotionale Intelligenz und Motive. Deutungen und Erklärungsansätze. München: Grin

Jansen, L. (2018). Studienbrief Emotion. Riedlingen: SRH Fernhochschule

J. P. Tangney: High self-control predicts good adjustment, less pathology, better grades, and interpersonal success. In: Journal of Personality. Band 72, April 2004, Issue 2, 271–324

Knecht, T. (2012). Das transaktionale Stressmodell von Richard Lazarus. München: Grin Verlag

Krause, K.-T. (2007). Emotionale Intelligenz- Soft Skill für Manager? Norderstedt: Books on Demand GmbH

Lazarus, R., Folkman, S. Coping and adaption. In W.D. Gentry (Ed.), The handbook of behavioral medicine (pp. 282- 325). New York: Guilford 1984

Maltby, J., Day, L., Macaskill, A. (2011). Differentielle Psychologie, Persönlichkeit und Intelligenz. 2. Auflage, Pearson Studium

Margraf, J., Schneider, S. (2018). Lehrbuch der Verhaltenstherapie, Band 2: Psychologische Therapie bei Indikationen im Erwachsenenalter. Heidelberg: Springer

Meier, M. (2019). Praxistipps für erfolgreiche Teamarbeit. Heidelberg: Springer

Möller, H.-J., Laux, G., Kapfhammer, H.-P. (2009). Psychtrie, Psychosomatik, Psychotherapie. Heidelberg: Springer

Nerdinger, F., Blickle, G., Schaper, N. (2011). Heidelberg: Springer

Paulitsch, K. (2009). Grundlagen der ICD-10 Diagnostik. Wien: facultas Verlags- und Buchhandels AG

Rompe, G. (2004). Begutachtung der Haltungs- und Bewegungsorgane. Stuttgart: Thieme

Schartmann, D. (1999). Persönlichkeitsfördernde Arbeitsgestaltung mit geistig behinderten Menschen. Münster: Lit

Schneider, F. (2011). Facharztwissen Psychiatrie und Psychotherapie. Heidelberg: Springer

Stemmler, G., Schmidt- Atzert, L., Peper, M. (2014). Emotionspsychologie. Ein Lehrbuch (2., vollständig überarbeitete und erweiterte Auflage). Stuttgart: Kohlhammer

Tölle, R., Windgassen, K. (2009). Psychiatrie: einschließlich Psychotherapie. Heidelberg: Springer

Watzl, H., Cohen, R. (1998). Schizophrenie. Klassifikation und Diagnostik. In U. Baumann & M. Perrez (Hrsg.), Lehrbuch klinische Psychologie- Psychotherapie (Aus dem Programm Huber, 2., vollst. überarb. Aufl. Bern: Huber

Wolf-Kühn, N., Morfeld, M. (2016), Rehabilitationspsychologie, Wiesbaden

24

BEI GRIN MACHT SICH IHR WISSEN BEZAHLT

- Wir veröffentlichen Ihre Hausarbeit,
  Bachelor- und Masterarbeit

- Ihr eigenes eBook und Buch -
  weltweit in allen wichtigen Shops

- Verdienen Sie an jedem Verkauf

Jetzt bei www.GRIN.com hochladen und kostenlos publizieren